# Lindos presentes feitos por mim

Ideias incríveis para enfeites, cartões, bijuterias, quitutes e muito mais

Publifolhinha

Um livro da Dorling Kindersley
www.dk.com

Título original: *Make your own gifts*



Publicado originalmente na Grã-Bretanha em 2013 pela Dorling Kindersley Limited 80 Strand, Londres WC2R 0RL, Inglaterra.



**COORDENAÇÃO DO PROJETO: PUBLIFOLHA**
**Editora assistente:** Fabiana Medina
**Produtora gráfica:** Samantha R. Monteiro

**PRODUÇÃO EDITORIAL: ESTÚDIO SABIÁ**
**Edição:** Valéria Braga Sanalios
**Tradução:** Marcia Blasques
**Preparação:** Nina Rizzo
**Revisão:** Ceci Meira, Clara Dias
**Consultoria:** Rômulo Braga
**Editoração eletrônica:** Carochinha Editorial

**EDIÇÃO ORIGINAL: DORLING KINDERSLEY**
**Designer sênior:** Sonia Moore
**Editora sênior:** Carrie Love
**Design:** Poppy Joslin, Ria Holland, Sadie Thomas
**Criação de capa:** Rosie Levine
**Editores adjuntos:** Jennifer Lane, Katy Lennon, James Mitchem, Christine Stroyan
**Fotógrafo:** Will Heap
**Fotógrafo adjunto:** Andy Crawford
**Fotografia no foguete (p. 6):** Big Smile Photography
**Ilustrações:** Bryony Fripp
**Consultoria culinária:** Annie Nichols
**Artesanato:** Lucy Barnfather, June Hall, Ria Holland, Sonia Moore, Chris Stewart, Rose Thunberg
**Modelos:** Lara Dufy, Charlotte Johnson, Scarlett Joslin, Max Moore
**Editora de produção:** Sarah Isle
**Controller de produção:** Ché Creasey
**Diretora de criação:** Jane Bull
**Publisher de área:** Mary Ling

Dados Internacionais de Catalogação na Publicação (CIP)
(Câmara Brasileira do Livro, SP, Brasil)

Lindos presentes feitos por mim – Ideias incríveis para enfeites, cartões, bijuterias, quitutes e muito mais. / Dorling Kindersley ; [tradução Marcia Blasques]. -- São Paulo : Publifolhinha, 2013.

Título original: Make your own gifts.
ISBN 978-85-8233-013-5

1. Artes 2. Artesanato - Literatura infantojuvenil 3. Presentes - Literatura infantojuvenil I. Dorling Kindersley.

13-09792 CDD-745.5

Índices para catálogo sistemático:
1. Trabalhos manuais para crianças : Artesanato 745.5

Este livro segue as regras do Novo Acordo Ortográfico da Língua Portuguesa (1990), em vigor desde 1º de janeiro de 2009.

Impresso na Hung Hing, China.

**PUBLIFOLHA**
Divisão de Publicações do Grupo Folha
Al. Barão de Limeira, 401, 6º andar
CEP 01202-900, São Paulo, SP
Tel.: (11) 3224-2186/2187/2197
www.publifolha.com.br

# Sumário

# Introdução

Este livro está repleto de projetos interessantes que você pode fazer para presentear nos aniversários, Natal, Dia das Mães, Dia dos Pais e em qualquer outra data, seja ela especial ou não. É só seguir o passo a passo nas fotos e as instruções.

**Etiquete!**

Dê um toque pessoal a um presente criando uma etiqueta criativa (p. 75). É uma ideia original para escrever algo carinhoso.

## Segurança

Todos os projetos deste livro devem ser executados sob a supervisão de um adulto. Sempre que encontrar o sinal de alerta vermelho (acima), tome muito cuidado com objetos quentes e utensílios afiados que for usar. Peça ajuda a um adulto. Ao manusear tintas e colas, siga as instruções da embalagem.

## Mãos à obra

**1** Leia todas as instruções antes de começar.

**2** Reúna todo o material necessário em um único local.

**3** Lave as mãos depois de usar cola ou tinta. Não deixe a cola secar na pele.

**4** Proteja a área de trabalho: ao usar tinta ou cola, forre a mesa com plástico ou jornal.

**5** Tenha sempre à mão um pano para secar qualquer líquido que derrame.

**6** Use avental e prenda os cabelos.

**7** Mantenha a área de trabalho bem ventilada, em especial quando trabalhar com tintas ou cola.

**8** Tenha cuidado ao usar agulha, alfinetes e grampos de papel.

## Prudência na cozinha

- Sempre que estiver na cozinha, peça para um adulto manusear os utensílios no forno e no fogão.
- Lave as mãos antes e depois de cozinhar e também depois de manusear ovos crus.
- Confira a data de validade de todos os ingredientes.
- As receitas deste livro são guloseimas que levam açúcar. Portanto, para manter uma dieta balanceada, NÃO seja guloso! Não exagere, uma porção é o suficiente para uma criança ou um adulto.
- Separe os ingredientes antes de começar a receita. Use colheres medidoras, balança e jarra medidora, se preciso. Veja abaixo as medidas utilizadas e suas abreviações:

**Medidas de peso**
Grama: g
Quilo: kg

**Medidas de volume**
Mililitro: ml
Litro: l

**Medidas de colheres**
Colher de chá: colher (chá)
Colher de sopa: colher (sopa)

# Projetos artísticos

## em papel

**Muito legais!**

# Foguete porta--lápis

5... 4... 3... 2... 1... Decolar!
Crie um compartimento secreto na parte de trás deste porta-lápis para objetos menores.

1 Desenhe 2 asas no papel-cartão (cada uma deve ter metade da altura do tubo que será o corpo do foguete). Faça marcas para indicar onde serão coladas. Recorte-as e cole-as no tubo de papelão com cola instantânea.

2 Dobre o prato de papel, marcando o meio, e corte na risca. Enrole a metade do prato de modo a formar um cone que encaixe no alto do tubo. Grampeie para manter as bordas juntas.

3 Cole o cone na tampa de plástico do tubo de papelão com cola instantânea.

4 Cole as 3 tampas de plástico (a menor no meio) na lateral do tubo, para fazer as janelas. Cubra todo o foguete com uma camada de papel machê (ver passo 2, p. 21).

5 Pinte o foguete com tinta acrílica. Use azul-claro no corpo do foguete, vermelho e prata no cone, amarelo e vermelho na parte inferior das asas.

Use prendedor de papel e barbante como maçaneta.

6 Para fazer o compartimento secreto, peça para um adulto recortar uma porta na parte de trás do foguete e um pedaço do mesmo tamanho no copo. Coloque o copo tampado no tubo, para que os lápis não invadam o compartimento.

## Material

## Material

- prato de papel
- tesoura
- caixa de cereal aberta
- papel de presente
- colas em bastão e instantânea
- bandeja de alumínio
- agulha e linha grossa
- prendedores de papel

Faça um nó na linha, após passá-la pelo pássaro (passo 5), para mantê-lo no lugar.

# Gaiola

Essa gaiola de passarinho pode ser um presente surpresa para alegrar alguém. É tão delicada que encanta quem a recebe.

**DICA**
Faça várias gaiolas e pendure-as na janela ou use como decoração para festa.

1 Faça pequenos cortes ao redor do prato de papel. Levante as partes cortadas, sobrepondo-as levemente, de modo a criar uma borda. Com a agulha, faça um furo no centro do prato.

2 Forre os dois lados da caixa de cereal com papel de presente, usando cola em bastão. Corte 5 tiras de 1 cm de largura. Dobre as tiras ao meio para encontrar o centro e faça um furo com a agulha.

3 Corte 2 tiras de 3 cm de largura da caixa de cereal. Cole as tiras na lateral da borda do prato de papelão, de modo a dar a volta completa.

4 Desenhe um pássaro (modelo na p. 76) no fundo da bandeja de alumínio e recorte. Faça os detalhes com caneta esferográfica e um furo bem pequeno nas costas do pássaro.

5 Com a agulha, passe a linha pelo furo das tiras. Depois, passe pelo furo nas costas do pássaro e, finalmente, pelo fundo do prato. Prenda a linha com fita adesiva.

6 Posicione as tiras em forma de estrela e passe um prendedor de papel pelos furos para fixá-las. Cole as tiras por dentro da borda do prato com cola instantânea.

A arte de dobrar papel para criar objetos 3D é chamada "origami". Estas flores são feitas com essa técnica.
Em japonês, estas flores de papel se chamam *kusudama*.
Use uma caneta com glitter para dar um brilho extra às suas flores.

# Flores

Essas flores coloridas alegram qualquer ambiente – do quarto à cozinha – e são bem simples de fazer. Após terminar a primeira pétala, é só repetir os passos até que a flor esteja completa.

1 Corte um quadrado de papel. Dobre-o na metade para formar um triângulo. O jeito mais simples de fazer isso é levar um canto da folha até o lado oposto, fazendo um grande triângulo, e depois cortar o excesso de papel.

2 Dobre o lado esquerdo, levando a ponta de baixo até o alto do triângulo.

## Material

3 Repita a operação do lado direito, formando um quadrado com uma abertura no meio.

4 Dobre a ponta direita para trás, de modo a unir a parte de dentro com a borda do quadrado.

Repita do lado esquerdo. Veja na página seguinte como fazer a próxima dobra.

# Coração 3D

Dar um cartão para alguém é sempre um gesto carinhoso. Siga as instruções a seguir e faça um cartão de coração em 3D, com tiras de papel colorido. É possível variar a forma.

1 Corte as tiras de papel colorido nos tamanhos indicados. Você vai precisar de 2 tiras para cada parte, então, se for fazer mais de um cartão, corte todas de uma vez.

## Material

cartolina branca A4

tesoura

cola branca

papel vermelho em tiras de 1 cm x 14 cm

papel laranja em tiras de 1 cm x 16 cm

papel amarelo em tiras de 1 cm x 18 cm

papel verde em tiras de 1 cm x 20,5 cm

papel azul em tiras de 1 cm x 23 cm

papel roxo em tiras de 1 cm x 25 cm

Se quiser variar o desenho, corte 8 corações de papéis de cores distintas, um maior do que o outro. Comece pelo menor. Dobre cada coração ao meio e cole a parte de trás no seguinte com cola branca.

2 Comece com a tira menor, trabalhando de dentro para fora. Faça uma volta com a tira, formando a metade de um coração. Cole cada tira no lugar antes de partir para a próxima.

3 Repita os passos para fazer a outra metade e junte as duas com cola branca. Depois, aplique mais cola na parte de trás do coração.

4 Cole o coração em um quadrado de cartolina de 18 cm x 18 cm. A cola branca fica transparente depois de seca, então não se preocupe se vazar para os lados.

Faça cachos no cabelo enrolando as tiras em um palito de churrasco.

Não esqueça a mão da fada: faça uma volta na ponta do limpador de cachimbo e deixe sobrar um pedacinho como se fosse o polegar.

Dobre a mão para fazê-la segurar uma varinha.

# Fadas decorativas

Realize desejos com esta bela arte em papel. Fadas trazem magia em qualquer época do ano. Você pode confeccioná-las para decorar a árvore de Natal ou por simples diversão.

## Material

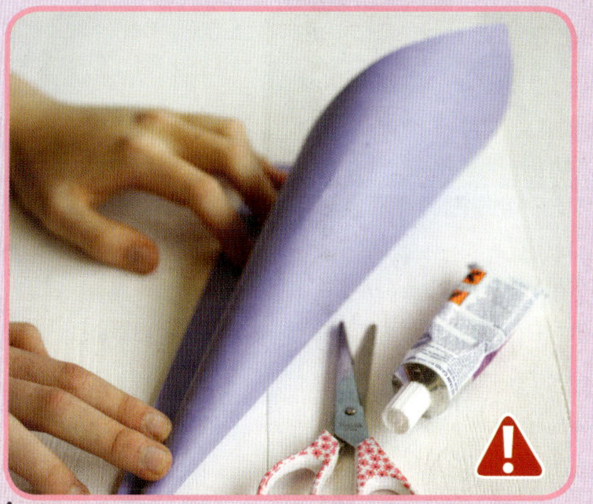

1 Faça um cone enrolando uma folha de papel colorido A4. Fixe as extremidades com cola instantânea e grampeie-as para reforçar.

2 Corte a base do cone, deixando a altura que você deseja para o corpo da fada. Não esqueça que ela terá pernas.

3 Para fazer as pernas da fada, dobre a extremidade de um limpador de cachimbo para formar o pé. Coloque miçangas no limpador e dobre a outra extremidade para formar o outro pé. Dobre o limpador na metade e cole dentro do corpo, na parte de trás.

4 Com o palito de churrasco, faça um furo atravessando o corpo de cartolina. Não aponte o palito para você, para não se machucar. Passe um limpador de cachimbo pelos furos para fazer os braços da fada.

# Cofrinho de urso

Esse presente é de derreter o coração. Todos vão adorar o simpático urso-polar feito de papel machê para guardar moedas. E você não precisará quebrá-lo quando quiser usar suas economias, graças à prática tampa rosqueável do cofrinho.

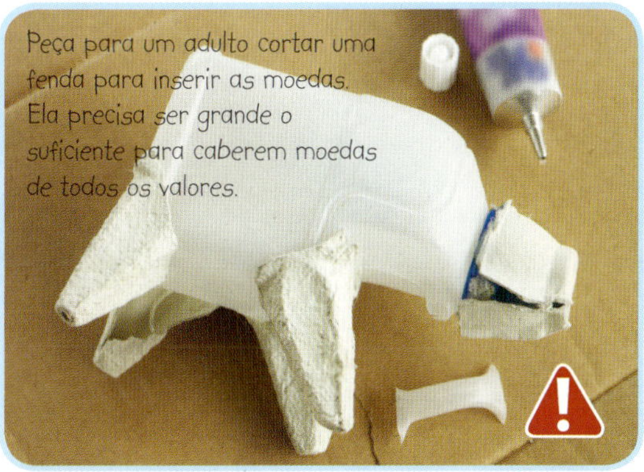

Peça para um adulto cortar uma fenda para inserir as moedas. Ela precisa ser grande o suficiente para caberem moedas de todos os valores.

1 Corte 4 partes da caixa de ovos para fazer as pernas do urso. Fixe-as na garrafa de suco com cola instantânea. Cole outra parte da caixa de ovos na tampa da garrafa, ainda rosqueada. Tire a tampa, removendo a cabeça do urso.

2 Com cola branca, cole pedaços de jornal por todo o corpo do urso. Essa técnica é conhecida como papel machê. Use jornal amassado, mergulhado em cola, para moldar a traseira, os pés e o nariz (passo 3).

3 Faça as orelhas com papelão (da caixa de ovos) e cole-as no alto da cabeça. Faça o nariz com pequenos chumaços de jornal e cola branca. Isso exige tempo e paciência.

Mantenha a cabeça e o corpo separados até o papel machê secar.

4 Acrescente mais camadas de papel machê para encorpar o urso. Deixe secar a camada antes de pôr a próxima. Em geral, isso leva algumas horas, mas é melhor deixar uma noite inteira secando.

5 Quando o papel machê estiver seco, pinte-o com tinta acrílica branca.

6 Use tinta preta para traçar as feições do rosto e tinta marrom para fazer o nariz.

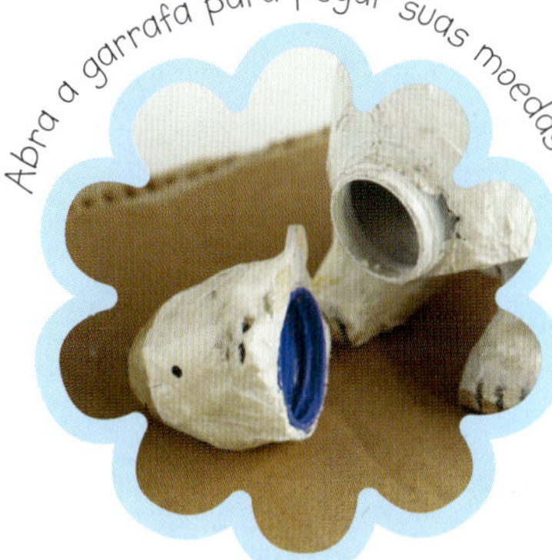

Abra a garrafa para pegar suas moedas!

## Material

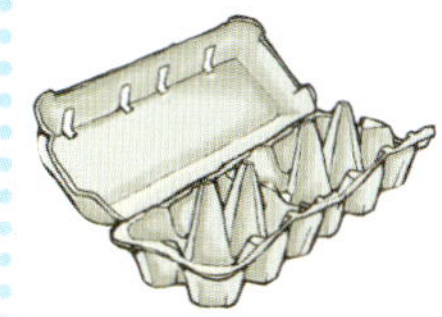

caixa de ovos

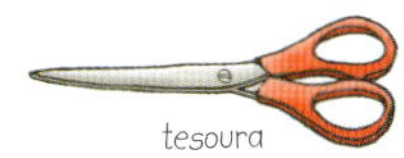

tesoura

cola instantânea

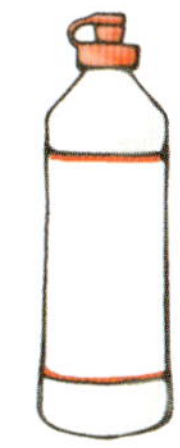

cola branca

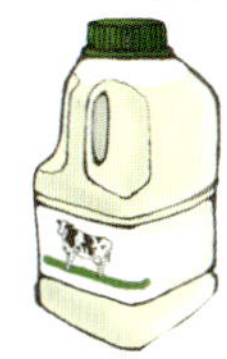

1 garrafinha plástica de suco

jornal

pincéis

tinta acrílica preta, branca e marrom

# Cartão-boneco

Deseje feliz aniversário para alguém de maneira diferente, presenteando-o com um cartão-boneco que fica sobre um suporte. Basta recortar, colar e inventar!

## Material

tesoura

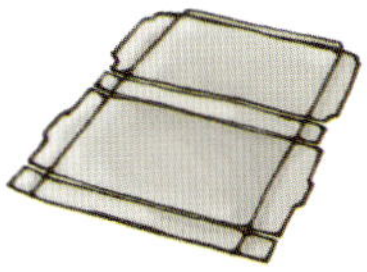
caixa de cereais aberta

cola em bastão

canetinhas e lápis de cor

papel estampado para decorar

Pinte e enfeite o modelo como quiser. Depois, recorte nas linhas pontilhadas e encaixe as partes para formar o boneco, como mostra a foto.

Tire uma cópia desse modelo e cole-o na caixa de cereal. Assim, seu cartão ficará em pé com facilidade.

Todas as partes de que você precisa estão aqui. Muitas se encaixam, mas algumas devem ser coladas para ficar no lugar.

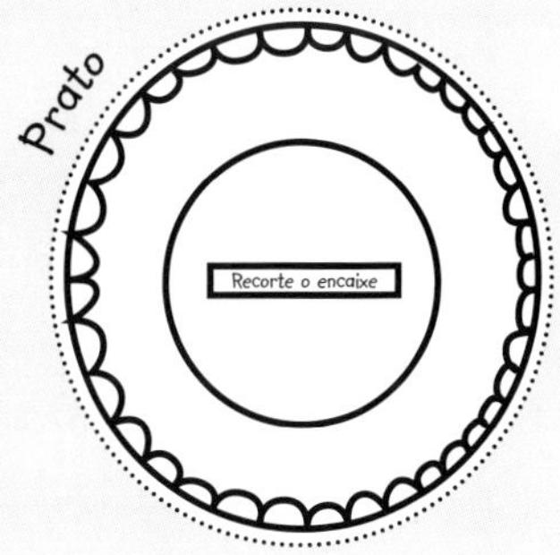


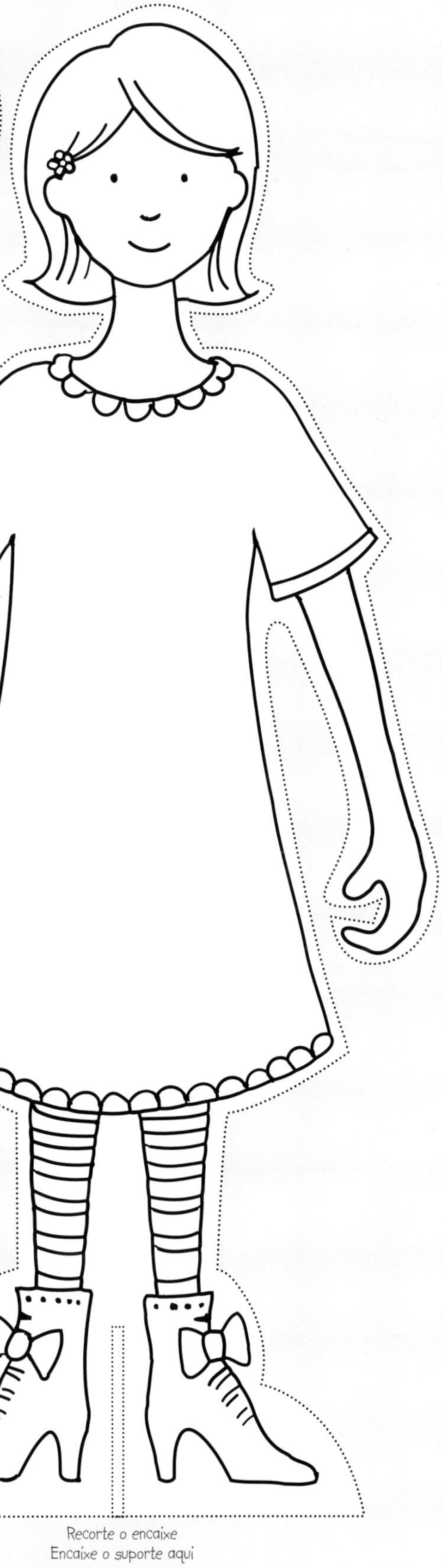


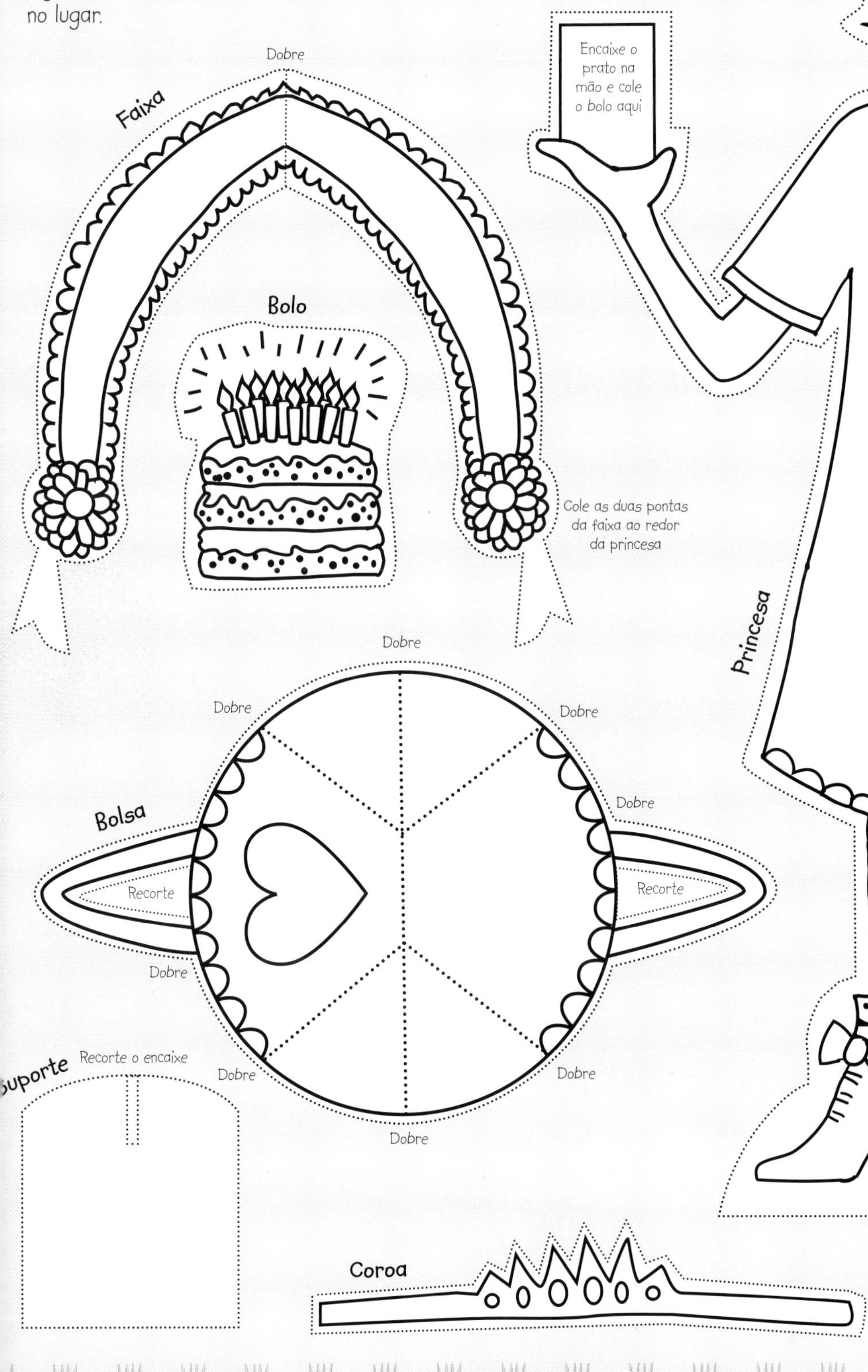

# Mimos com linhas

## e miçangas

**PEÇAS lindas!**

# Broches de feltro

Faça um broche de cachorrinho para enfeitar a jaqueta, a bolsa ou o gorro. Depois que aprender a técnica, você pode criar vários modelos, como um distintivo de xerife, um monstrinho ou uma flor (ver pp. 28-9).

1 Desenhe ou tire cópia dos moldes (p. 79) e recorte-os. Alfinete o molde de papel no feltro e recorte o tecido com cuidado.

2 Costure uma miçanga preta em um dos lados para fazer o olho do cão.

3 Costure a borda do laço usando ponto caseado (ver p. 80). Depois, costure o laço no pescoço do cão.

Não arremate a costura: deixe um pedaço de linha para prender no corpo do cachorro.

4 Costure ao redor do corpo do cão com ponto caseado, deixando uma abertura nas costas. Use ponto corrido (ver p. 80) quando chegar ao queixo. Coloque enchimento na cabeça, nas pernas e no corpo empurrando com a ajuda de uma caneta.

5 Costure as costas do cão com ponto caseado. Para arrematar a linha, dê 2 pontos no mesmo lugar e faça um ponto comprido na parte de trás do broche. Puxe com força, para deixar firme, e corte a linha rente.

6 Costure o alfinete bem firme na parte de trás do broche.

## Material

papel para molde

caneta

tesoura para papel

pedaços de feltro de várias cores

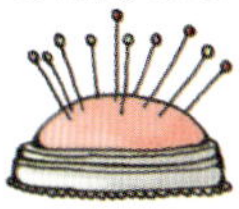
alfinetes

tesoura para tecido

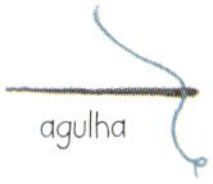
agulha

linha para bordar

miçangas pretas

enchimento de poliéster

alfinete de broche

Enfeite seu gorro!

# Flores de feltro

## Surpreenda alguém com esses lindos broches coloridos.

1 Desenhe ou tire cópia dos moldes (ver p. 79). Junte 2 camadas de feltro, caso necessário. Alfinete os moldes de papel no feltro e recorte-o com cuidado.

2 Una as 2 flores roxas grandes pelas bordas, usando ponto caseado (ver p. 80). Repita a operação com as 2 flores menores. Junte-as, de modo que as pétalas fiquem intercaladas. Costure 2 círculos cor de laranja, colocando um pouco de enchimento no meio antes de fechar toda a volta. Junte as 3 partes da flor.

3 Para fazer a flor azul, costure 2 partes de feltro azul pela borda com ponto caseado. Junte o miolo vermelho usando ponto corrido e acrescentando um pouco de enchimento. Costure um alfinete na parte de trás de cada broche.

# Distintivo de xerife

## Mantenha a lei e a ordem com esse distintivo divertido.

1 Desenhe ou tire cópia dos moldes (ver p. 79). Corte 2 camadas de feltro juntas, caso necessário. Alfinete os moldes no feltro e recorte-o com cuidado.

2 Costure a estrela laranja menor ao círculo amarelo. Acrescente uma miçanga em cada ponta da estrela e uma no meio. Faça ponto caseado (ver p. 80) para prender o círculo na frente da estrela grande.

3 Alfinete as estrelas grandes. Costure-as com ponto caseado, acrescentando miçangas nas pontas enquanto dá os pontos.

# Monstro amigo

## Esse broche fica lindo em uma jaqueta.

1 Desenhe os moldes (ver p. 79) em uma folha de papel. Corte 2 camadas de feltro juntas, caso necessário. Alfinete os moldes no feltro e recorte-os com cuidado. Costure as bolinhas na frente do corpo e dos braços do monstro. Costure os dentes com dois pontinhos (que também servirão de nariz).

2 Use ponto caseado para unir os braços e os pés do monstro. Com linha de bordar e ponto-atrás, faça os dedos. Costure as miçangas nos círculos brancos. Use ponto caseado para costurar os olhos e prenda a cabeça no corpo com ponto caseado.

3 Junte a frente e as costas do corpo com ponto caseado, costurando cabeça, braços e pés, nessa ordem. Coloque enchimento no corpo antes de fechar a volta toda. Prenda um alfinete nas costas.

# Filhote fofo

## Esse adorável broche de cãozinho pode enfeitar uma gola ou uma mochila.

1 Desenhe os moldes (ver p. 79). Corte 2 camadas de feltro juntas, se a peça exigir. Alfinete os moldes no feltro e recorte com cuidado.

2 Faça as orelhas do cão costurando 2 partes com uma camada de feltro rosa entre elas. Costure os olhos. Use ponto caseado para fixar as 2 partes do rosto do cão (a mais clara e a mais escura). Costure um alfinete na parte de trás do broche.

3 Use ponto caseado para prender as orelhas no alto da cabeça. Costure as 2 partes da cabeça do cão. Coloque enchimento entre as orelhas antes de fechar a abertura com ponto corrido.

Au-au

# Bolsa de feltro

Essa bolsa é o presente ideal. Todo mundo vai querer uma igual. Peça ajuda a um adulto.

## Material

- papel para molde
- caneta
- pedaços de feltro de 30 cm x 30 cm
- alfinetes
- tesoura
- agulha
- linhas coloridas
- régua de 30 cm
- miçangas pretas
- fitas
- fechos de pressão

1 Desenhe os moldes (ver pp. 76-7) em papel. Alfinete o papel no feltro e recorte as partes da raposa (marrom e branca) e da bolsa (verde). A bolsa usa toda a largura do quadrado de 30 cm, de uma ponta a outra.

Atenção à dobra quando cortar as partes interna e externa da bolsa.

2 Dobre a bolsa (como indicado no molde) e posicione o corpo e a cauda da raposa na parte inferior dianteira. A parte marrom da cauda é colocada sobre a ponta branca de feltro, revelando a ponta. Alfinete. Desdobre a bolsa. Use ponto corrido (ver p. 80) para prender as peças. Tire os alfinetes.

Use ponto corrido para fazer uma linha curva pelo feltro marrom, indicando o formato da cauda.

3 Vire a bolsa do avesso (a raposa ficará do lado de dentro) e alfinete as laterais. Com régua e caneta, faça uma linha de 11 cm em cada lado. Costure nas linhas para juntar as bordas da bolsa, usando ponto-atrás (ver p. 80).

Desvire a bolsa e reserve.

4 Pegue o rosto da raposa e, com ponto corrido, costure os detalhes brancos das orelhas. Costure as partes marrons atrás de cada orelha. Alfinete a parte marrom do rosto no centro da branca e costure-as.

As orelhas devem se destacar acima da cabeça. Deixe espaço sob a parte marrom para o nariz. Use linha preta para costurar as miçangas nos olhos e no nariz.

5 Dobre a bolsa novamente, como indicado no molde. Alfinete a cabeça no meio da aba. O alto da cabeça deve ficar alinhado com a dobra. Costure-o de um lado ao outro, deixando as orelhas acima da dobra.

Use linha clara para costurar o rosto de feltro branco na aba.

6 Vire a bolsa. Corte uma fita de 168 cm (se for para um adulto; corte menos se for para uma criança), dobre 1 cm em cada lado e prenda as pontas na parte de trás, no alto da bolsa. Isso evita que as pontas da fita desfiem.

Costure a fita com ponto corrido (ver p. 80). Tome cuidado para NÃO torcer a alça.

7 Dobre o forro branco como indicado no molde (ver p. 79). Costure as laterais com ponto caseado (ver p. 80), deixando a aba solta. Coloque o forro dentro da bolsa verde, prendendo com firmeza. Costure a parte interna (branca) e a externa (verde) com pontos nas bordas da aba e ao longo da abertura frontal.

Costure uma das partes do fecho de pressão no forro branco e a outra na frente da bolsa, no pescoço da raposa.

ATENÇÃO: Costure o fecho apenas na camada branca. Se for muito complicado, instale o fecho ANTES de costurar o forro na parte verde.

8 A bolsa finalizada é ideal para guardar celular, chaves ou carteira.

Você também pode fazer a bolsa com feltro mais grosso (como a azul abaixo). Nesse caso, não é necessário colocar forro. Decore com minipompons (ver página ao lado).

Use a criatividade para criar outras bolsas. Tente um pássaro ou um gato.



# Minipompons

Basta um novelo de lã e um garfo. Use os minipompons para enfeitar os projetos artísticos deste livro.

1 Amarre uma ponta da lã no dente do meio do garfo, segurando-o com uma mão. Enrole a lã ao redor do garfo em camadas (como na foto).

2 Amarre um pedaço de lã de 15 cm ao redor do meio do pompom, deixando o nó o mais apertado possível.

3 Corte a lã do lado esquerdo e do direito do garfo. Tire o garfo. Pronto! Você tem um minipompom.

# Ratinho

Esse adorável ratinho é um pouco complicado de fazer, então você vai precisar da ajuda de um adulto. Mas vai gostar tanto que será difícil se desfazer dele. É um bom presente para todas as idades.

Vire-o e veja que ele já está dormindo.

Uma lata de sardinha tem o tamanho ideal para ser a cama do rato. Faça um saco de dormir aconchegante com feltro.

Você também pode fazer um coelhinho para ele.

1 Desenhe ou tire cópia dos moldes e recorte-os no feltro (ver p. 78). São estas as partes: corpo (2x), orelhas cinza (2x), orelhas rosa (2x), pés (2x), cauda (1x) e braços (4x).

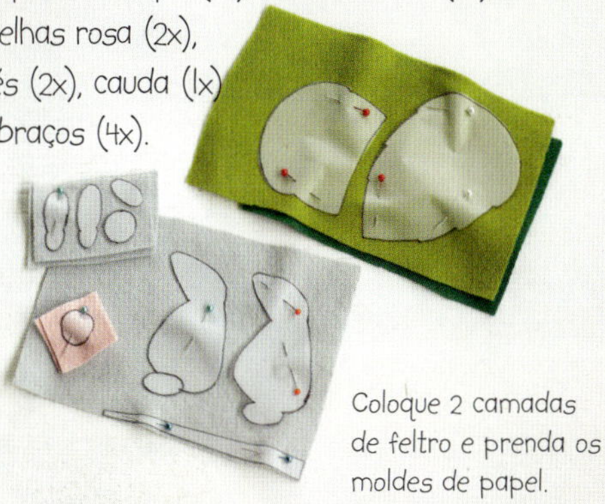

Coloque 2 camadas de feltro e prenda os moldes de papel. Recorte.

2 Usando ponto corrido (ver p. 80), costure as orelhas, juntando uma parte rosa a uma cinza.

Dobre no meio (com a parte rosa para dentro) e dê um ponto para fazer o formato da orelha.

3 Junte as partes dos braços, costurando do alto até a pata. Coloque um pouco de enchimento, mas não exagere.

Não arremate a costura. Deixe um pedaço de linha para prender o braço ao corpo.

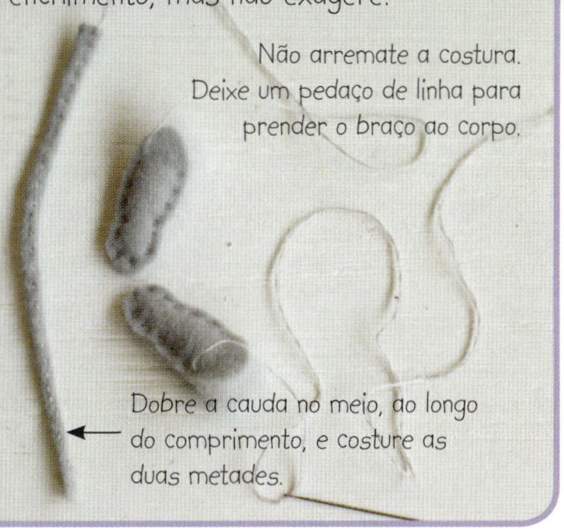

Dobre a cauda no meio, ao longo do comprimento, e costure as duas metades.

4 Borde (ou desenhe com uma caneta) um dos olhos fechado, como se o rato estivesse dormindo. Costure a miçanga preta no lugar do outro.

Prenda os braços ao corpo enquanto termina de costurá-los. Tente manter os pontos escondidos por dentro.

Costure as solas nos pés do rato.

5 Prenda as orelhas à cabeça, costurando-as por dentro do corpo. Para mais firmeza, faça uma costura sobre a outra. Costure ao redor do corpo e aproveite para colocar a cauda.

Dê um ponto para manter as orelhas juntas.

Costure uma miçanga para fazer o nariz.

Antes de terminar a costura, recheie o corpo.

6 Recorte uma folha escura pela metade e outra clara, e uma inteira escura e outra clara. Com ponto caseado (ver p. 80) junte a parte de cima das duas meias folhas. Use ponto corrido para fazer os veios.

## Material

- papel para molde
- agulha
- alfinetes
- caneta
- tesoura para tecido
- tesoura para papel
- pedaços de feltro de várias cores
- linhas para bordar
- miçangas rosa e preta
- enchimento de poliéster
- lápis
- lata de sardinha

7 Junte as folhas inteiras, com os lados escuros para dentro, e costure com ponto caseado por toda a borda, completando o saco de dormir do rato. Coloque-o na lata.

# Cachecol de pompom

É fácil confeccionar esse belo cachecol, mas é necessária paciência para fazer 16 pompons.
É uma peça bem quentinha, perfeita para o inverno.

**DICA**
Este lindo cachecol é um ótimo presente para sua mãe, avós e tias.

1 Com o compasso, desenhe um círculo de 6 cm de diâmetro no papelão. Faça um círculo dentro do primeiro, com cerca de 2 cm de diâmetro. Recorte o maior. Faça uma fenda para cortar o menor.

Você vai precisar de 2 círculos para cada pompom. Então use este como modelo para fazer mais 31.

2 Corte 3 fios de lã de cores diferentes com 1 m e passe-os por uma agulha larga. Junte 2 círculos de papelão com as fendas em ângulos diferentes. Passe os fios pelo centro do buraco, enrolando-os nos círculos várias vezes.

Enrole os fios no círculo do jeito mais uniforme possível.

Puxe os fios para deixá-los bem presos.

## Material

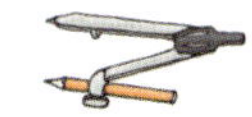

compasso

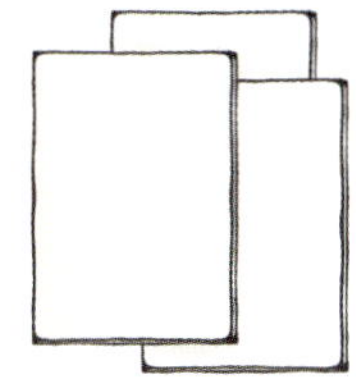

papelão (por ex., caixa de cereais)

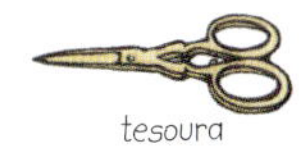

tesoura

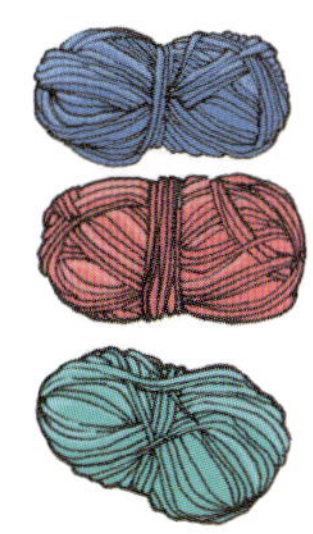

vários novelos de restos de lã

agulha de tapeceiro

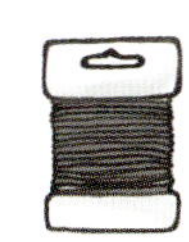

2,4 m de fio grosso ou barbante

3 Quando os fios acabarem, tire-os da agulha e corte outros. Pare quando o círculo interno estiver cheio o bastante para dificultar a passagem da agulha. Os fios devem estar uniformes e arredondados por todo o círculo.

4 Recorte a borda do círculo de lã. Para isso, deslize as lâminas da tesoura entre os dois círculos de papelão e corte os fios por toda a volta.

5 Passe um pedaço de lã entre os 2 círculos de papelão, enrole o meio do pompom 2 vezes e amarre com força. Com cuidado, tire o papelão, deixando apenas a lã.

Apare as pontas dos fios para dar forma ao pompom.

Repita os passos 1-5 até ter 16 pompons.

6 Use uma agulha e um fio grosso para unir os pompons. Passe o fio pelo meio do pompom, dando uma volta, e prenda com um nó. Repita nos demais.

7 Depois que todos os pompons estiverem unidos, como no passo 6, arremate dando um nó entre o último e o penúltimo pompom.

Prenda a argola de metal na alça de sua bolsa, e seu lagarto de miçangas irá com você para todo canto.

# Lagarto

Esse enfeite pode ser usado como chaveiro ou pendurado no retrovisor do carro, na mochila ou até em cortinas. Faça vários lagartos e presenteie a turma.

**DICA**
Prenda a argola com fita adesiva na mesa para manter o lagarto no lugar e deixar as mãos livres.

1 Junte as 2 pontas do fio encerado, dobrando-o ao meio. Passe a extremidade dobrada pela argola de metal. Passe as 2 pontas pela dobra e puxe para prender.

As 2 pontas do fio se cruzam ao passar pela miçanga. Depois, puxe bem os fios para manter as miçangas no lugar.

2 Passe as 2 pontas do fio em uma miçanga verde – um fio vai da direita para a esquerda e o outro no sentido contrário.

3 Puxe os fios para manter a ponta do nariz no lugar. Agora, passe-os por 2 miçangas juntas. Depois, uma fileira de 3 miçangas: amarela, verde, amarela. As amarelas formam os olhos.

4 Faça uma fileira com 3 miçangas verdes e depois com 2. A seguir, passe 3 verdes e 3 azuis em uma das pontas do fio. O fio deve ir e voltar pelas miçangas verdes para fazer a pata do animal.

## Material

miçangas (2 amarelas, 18 azuis e 43 verdes)

argola de metal para chaveiro

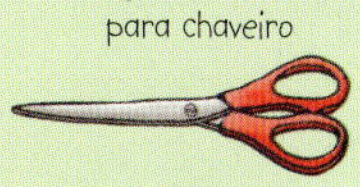

tesoura

142 cm de fio encerado preto

**5** Repita o processo com a outra ponta do fio para fazer a outra pata. Puxe bem os fios para manter tudo bem preso. Se necessário, arrume as miçangas para endireitar as patas.

**6** Faça o corpo. Usando o método de fios cruzados (p. 39), faça 3 fileiras: uma com 2 miçangas verdes; outra com verde, azul, verde; depois, verde, 2 azuis, verde.

ATENÇÃO: deixe cada fileira bem presa.

**7** Deixe tudo bem preso. Finalize o corpo com outra fileira de verde, 2 azuis, verde; depois, verde, azul, verde; e, por fim, 2 verdes.

Pronto! Seu lagarto tem cabeça corpo e patas – só falta a cauda.

**8** Repita os passos 4-5 para fazer as patas traseiras do lagarto.

9 Cruze as pontas do fio. Faça 8 fileiras com uma miçanga verde cada, cruzando as pontas entre cada miçanga e apertando para ficar bem preso.

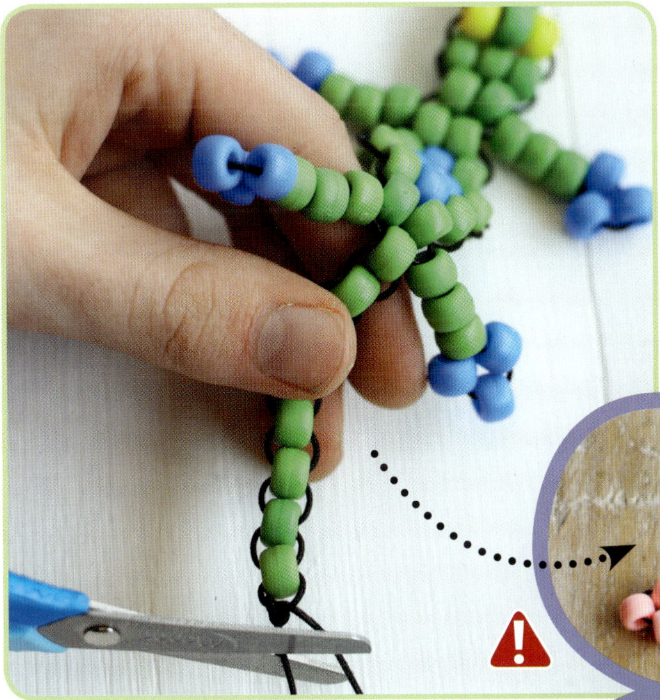

10 Arremate com 2 nós na ponta para manter tudo no lugar. Corte o excesso de fio.

# Família de lagartos

Use miçangas de outras cores para criar vários lagartos diferentes.

# Enfeites moldados

## e esculpidos

**MIMOS incríveis!**

# Belos pingentes

Presenteie com esses delicados pingentes, avulsos ou em conjuntos. Use a criatividade na hora de fazer as texturas e de pintá-los. Eles podem ser usados em colares ou como decoração.

## Material

265 g de bicarbonato de sódio

200 ml de água

65 g de maisena

panela grande

colher de pau

tigela grande

pano de prato úmido

rolo de abrir massa

cortadores de biscoito

2 fôrmas

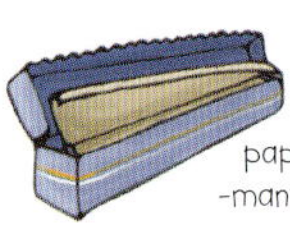
papel-manteiga

espetos de madeira

anel ou outros materiais para fazer texturas

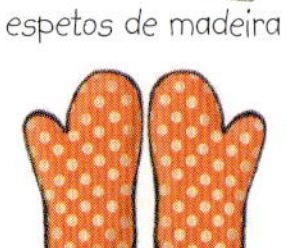
luvas para forno

grade

cola branca

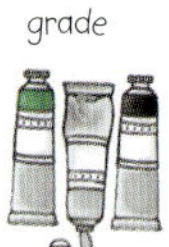
tinta acrílica


pincéis

fitas

1 Misture a água, o bicarbonato e a maisena em uma panela grande, em fogo médio. Mexa sem parar por alguns minutos. A massa logo vai começar a engrossar.

2 Despeje em uma tigela grande e cubra com o pano de prato úmido até esfriar completamente.

3 Sove a massa em uma superfície lisa, polvilhada com maisena. Para evitar que fique quebradiça, amasse-a bem antes de abri-la. Use cortadores para fazer formatos variados.

4 Peça para um adulto preaquecer o forno a 110°C. Coloque os pingentes nas fôrmas forradas com papel-manteiga. Faça um furo no alto de cada um deles com um palito.

Experimente vários objetos para criar texturas.

**5** Faça texturas na superfície de cada pingente. Asse por 1 hora, virando na metade do tempo. Quando esfriarem, cubra-os com uma camada fina de cola branca ou de base incolor para unhas.

**6** Ao secar a cola, pinte e decore os pingentes. Quando a tinta estiver seca, passe uma fita pelo furinho para fazer um colar.

Dê dois nós na fita para que o pingente não caia.

Tente fazer um coração vazado dentro do maior.

Pinte seus pingentes com esmalte de unha com glitter.

**ATENÇÃO**

Embora esses pingentes sejam feitos com itens da despensa, eles NÃO são comestíveis.

**ATENÇÃO**
Use luvas para trabalhar com gesso, para evitar o contato com a pele. Se isso acontecer, lave-se imediatamente.

**DICA**
Arrume as flores em um vaso ou jarro e faça um laço com fita colorida, para dar um toque especial.

# Flores de gesso

Esse ramalhete moldado em gesso próprio para artesanato é um presente original para mães, avós ou amigas. O gesso mantém o buquê bonito o ano todo, dando um ar de primavera ao ambiente.

## Material

- flores artificiais
- cola instantânea
- arame grosso verde cortado em pedaços de 20 cm
- óculos de proteção
- luvas de borracha
- copo de plástico grande
- colher de plástico
- 8 colheres (sobremesa) de gesso de paris (leia as instruções da embalagem)
- 120 ml de água
- pincel

1 Retire as flores dos cabos, substituindo-os por arame. Prenda o arame com cola instantânea.

2 Peça para um adulto misturar o gesso (até adquirir a consistência de cola grossa) e mergulhar as flores dentro dele. A pessoa deve usar óculos de proteção e luvas de borracha.

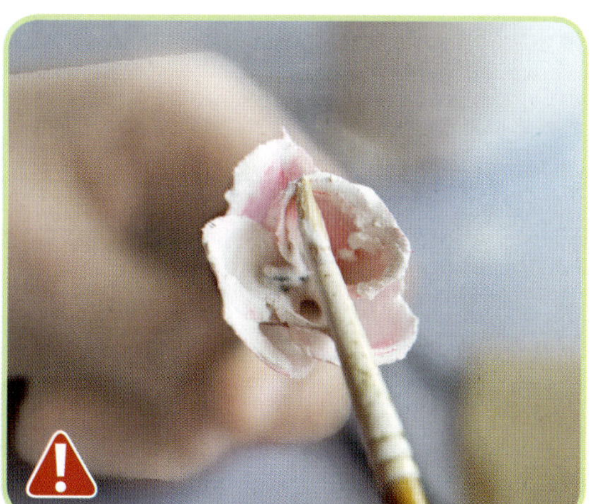

3 Peça para um adulto usar um pincel para cobrir com gesso as partes da flor que ainda estão expostas. Não se esqueça dos óculos de proteção e das luvas de borracha.

4 Curve as pontas do arame e pendure as flores para secar. Deixe-as secando por pelo menos 1 hora; então, arrume o buquê.

# Guloseimas de dar água na boca

QUE
delícia!

# Cocadinha

**DICA**
Você não precisa embrulhar as cocadinhas em celofane. Experimente outros tipos de embalagem.

Essas cocadinhas são divertidas de fazer e comer. Conservam-se por semanas, então você pode fazê-las alguns dias antes de uma festa de aniversário e oferecê-las como lembrancinha aos convidados.

Essas cocadinhas são muito doces, então coma pouco para não fazer mal.

**1** Unte uma fôrma funda de metal usando pincel e azeite. Cubra com papel-manteiga. Aqui usamos uma fôrma quadrada, mas qualquer formato serve.

**2** Em uma tigela, misture o coco ralado, o açúcar de confeiteiro e o leite condensado. Quando a massa ficar firme, amasse com as mãos e divida-a ao meio.

**3** Faça uma camada no fundo da fôrma com uma das porções. Espalhe-a bem com os dedos.

**4** Divida a outra metade em 4 partes. Coloque algumas gotas de corante alimentício em uma das partes e misture para colorir tudo. Faça o mesmo com as outras 3 porções, usando uma cor diferente para cada uma.

**5** Abra cada parte de modo que fique com o tamanho de um quarto da fôrma. Coloque-as sobre a massa que já foi espalhada, formando uma camada superior. Deixe na geladeira por no mínimo 3 horas.

**6** Use um cortador de biscoitos para fazer pequenos círculos. Empilhe-os e embrulhe em papel-celofane. Amarre as pontas com fitas ou invente outro toque pessoal.

## Material

- fôrma de metal quadrada de 20 cm x 20 cm
- pincel de cozinha
- papel-manteiga
- tigela
- cortador de biscoitos
- azeite, para untar
- 800 g de coco ralado
- 1 kg de açúcar de confeiteiro
- 1 kg de leite condensado
- corante alimentício nas cores verde, rosa, azul e laranja

Tem para todo mundo!

# Pote de brownie

Faça deliciosos brownies para presentear. Assim que provarem, todos vão querer aprender a fazer. Como um mimo extra, coloque os ingredientes secos num pote de vidro e escreva a receita numa etiqueta de presente (faça cópia do modelo, na p. 76).

**DICA**
Decore a tampa com papel artesanal e amarre uma fita ao redor do pote.

## Ingredientes secos para o pote

- 100 g de avelã picada
- ½ colher (chá) de fermento em pó
- 15 g de cacau em pó
- 300 g de açúcar mascavo
- 125 g de farinha de trigo peneirada
- 100 g de chocolate branco picado

## Outros ingredientes e materiais

- 2 ovos
- 1 colher (chá) de extrato de baunilha
- tigela pequena
- tigela grande
- luvas para forno
- peneira
- colher de pau
- fôrma de metal de 15 cm x 20 cm
- 150 g de manteiga sem sal
- panela
- tigela de vidro
- grade
- garfo
- 90 g de chocolate ao leite picado
- espátula
- azeite, para untar
- papel-manteiga
- pincel

1 Peça para um adulto preaquecer o forno a 180 °C. Unte a fôrma com azeite, usando o pincel, e forre-a com papel-manteiga.

2 Derreta o chocolate ao leite e a manteiga em banho-maria, mexendo de vez em quando. Tire do fogo e deixe esfriar um pouco.

3 Na tigela pequena, bata os ovos com o garfo. Adicione a baunilha.

4 Coloque todos os ingredientes secos na tigela grande. Acrescente o chocolate e a manteiga derretidos e misture.

5 Acrescente os ovos batidos. Mexa bem com a espátula. A massa deve ficar uniforme, sem grumos de farinha.

6 Coloque a massa na fôrma e espalhe com a espátula. Peça para um adulto assar os brownies por 25 minutos. Coloque-os em uma grade para esfriar e corte em 20 pedaços, ainda na fôrma.

# Foguete doce

Esses biscoitos coloridos derretem na boca e são divertidos para presentear um amigo ou dar como lembrancinhas de festa. Arrume-os em uma caixa de papelão ou em uma sacola coberta de estrelas, feita por você mesmo.

**DICA**
Esses biscoitos são gostosos, mas coma poucos para não dar dor de barriga!

A poeira de estrelas é de glitter comestível.

## Para decorar

- 500 g de açúcar de confeiteiro peneirado
- água
- corante alimentício vermelho
- corante alimentício azul
- confeitos de açúcar prateados
- glitter prateado comestível

1 Peça para um adulto preaquecer o forno a 180°C. Forre as fôrmas com papel-manteiga. Em uma tigela grande, misture a manteiga com a farinha até parecer uma farofa.

2 Bata o ovo em uma tigela à parte e acrescente-o à farinha. Coloque o açúcar e a glucose de milho, misturando até formar uma massa homogênea. Resfrie por 10 minutos.

3 Abra a massa em uma superfície enfarinhada. Faça os biscoitos com os cortadores, em forma de foguete e de estrela, e coloque-os na fôrma. Com as sobras da massa, corte mais biscoitos (rende 15-20).

4 Coloque um mexedor de café na parte de trás de cada biscoito. Peça para um adulto assá-los por 15 minutos, até dourar. Coloque-os na grade para esfriar.

Divida o glacê que sobrou em duas partes. Tinja uma de vermelho e uma de azul. Confeite os biscoitos. Decore-os com confeitos prateados e glitter comestível.

5 Para fazer o glacê, coloque açúcar de confeiteiro em uma tigela grande. Adicione água aos poucos, misturando até ficar com consistência de clara em neve. Transfira para um saco de confeiteiro.

6 Aperte o saco de confeiteiro levemente, delineando cada biscoito com glacê. Espere firmar. Transfira dois terços do glacê que sobrou no saco para a tigela e amoleça com água. Use uma colher para preencher os biscoitos com o glacê mole.

## Material

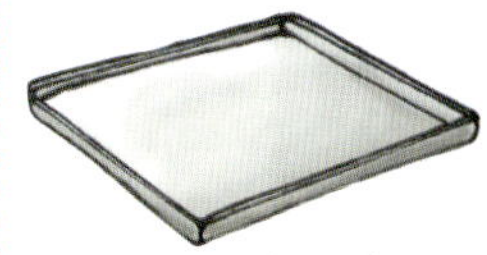
3 fôrmas de metal

papel-manteiga

3 tigelas grandes

tigela pequena

garfo

2 colheres (sopa)

colher de pau

rolo de massa

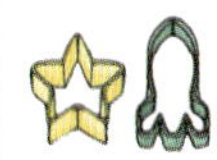
cortadores de biscoitos

16 mexedores de café de madeira

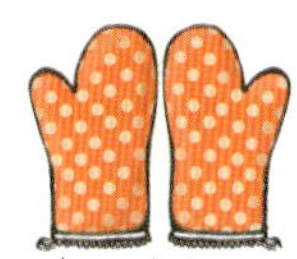
luvas de forno

grade

saco de confeiteiro

125 g de manteiga em temperatura ambiente

200 g de farinha de trigo

100 g de açúcar

1 colher (sobremesa) de glucose de milho

1 ovo

# Pão coração

Esses pãezinhos são um mimo saudável para presentear, além de ficarem deliciosos com manteiga ou geleia. Que tal arrumar vários em uma caixa artesanal?

Eles ficam lindos embrulhados em papel de seda

## Material

1 Forre a fôrma com papel-manteiga. Na tigela pequena, coloque o fermento, o açúcar e ¼ da água. Misture bem e deixe em local aquecido (armário em que bata sol ou forno aquecido e desligado) por 10 minutos, até espumar.

2 Peneire a farinha e o sal na tigela grande. Faça uma covinha no centro e despeje a mistura de fermento e a água restante. Trabalhe com a colher de pau até formar uma massa.

3 Sove a massa por 10 minutos em uma superfície enfarinhada. Retorne à tigela e cubra com o pano de prato úmido. Deixe emlocal aquecido por 1 hora, até dobrar de tamanho.

4 Bata na massa algumas vezes para tirar o ar. Depois, sove-a mais um pouco. Divida em 6-8 partes e molde os corações com um pequeno corte em cada pãozinho (foto). Coloque-os na fôrma, cubra com o pano de prato úmido e deixe crescer em local aquecido por 30 minutos.

5 Peça para um adulto preaquecer o forno a 220°C. Pincele os pães com leite e espalhe as sementes (chia ou gergelim) ou apenas um pouco de farinha.

6 Peça para um adulto colocar a fôrma no forno. Asse os pães por 30 minutos, até dourarem. Ao bater, o pãozinho deve fazer um som oco. Coloque em uma grade para esfriar completamente.

## Material

- 8 copos de papel para água
- 6 copos de papel para café
- 8 fôrmas de papel para muffin
- 6 fôrmas de papel para cupcake
- tesoura
- tigela grande
- colher de pau
- assadeira
- grade
- 14 mexedores de café de madeira

- 150 g de manteiga sem sal em temperatura ambiente
- 150 g de açúcar
- 150 g de farinha com fermento
- 3 ovos batidos
- 1 colher (chá) de extrato de baunilha
- 6 colheres de leite
- 50 g de chocolate picado
- 100 g de cacau em pó

# Bolo no vaso

Essa guloseima deliciosa é perfeita para o Dia das Mães ou para uma festa de aniversário. É tão bonita que dá pena de comer! Você vai precisar da receita da massa de biscoitos (pp. 56-7) para fazer as flores e folhas.

1 Peça para um adulto preaquecer o forno a 180°C. Coloque as fôrmas de cupcake nos copos de café e as fôrmas de muffin nos copos de água. Se necessário, recorte os copos.

2 Em uma tigela, misture até homogeneizar a manteiga, o açúcar, a farinha com fermento, os ovos batidos, a baunilha, o leite, o chocolate picado e o cacau em pó.

3 Com uma colher, coloque a massa nas fôrmas de muffin e de cupcake. Coloque-as na assadeira e peça para um adulto levar ao forno. Asse por 20-25 minutos.

4 Quando os bolos estiverem macios ao toque, peça para um adulto tirá-los do forno e deixe esfriar completamente. Salpique com chocolate ralado.

## Para decorar

50 g de chocolate ralado | 400 g de açúcar de confeiteiro | água | corante alimentício verde e laranja | saco de confeiteiro

5 Faça 8 biscoitos no formato de flor grande e 6 pequenas, e 22 biscoitos em formato de folha. Decore com glacê (p. 57), deixando um espaço no meio de cada flor. Separe um pouco do glacê para fazer o miolo das flores laranja, as folhas verdes e os detalhes em branco das folhas. Depois, prenda nos mexedores de café.

6 Quando o glacê estiver seco, coloque uma flor em cada bolo: as maiores nos copos de água, as menores nos copos de café.

Use duas folhas para as flores maiores e uma para as menores.

Forre os copos com papel colorido ou compre copos estampados.

**Não seja guloso, pois essa receita é bem calórica. Coma o bolo primeiro e guarde os biscoitos para o dia seguinte.**

# Cupcake moderno

Essa receita rende 20 cupcakes. Você pode dar todos de presente em uma única fôrma ou embalá-los em caixas menores, para várias pessoas. Também é possível escrever mensagens em cada um deles com glacê, como "Amo você, mãe".

## Material

- 2 fôrmas para 12 cupcakes
- 20 forminhas de papel
- 2 tigelas
- colher de pau
- colher
- faca
- grade
- rolo de massa
- cortadores redondos de biscoito

- 150 g de manteiga sem sal em temperatura ambiente
- 150 g de açúcar
- 150 g de farinha com fermento
- 3 ovos batidos
- corantes alimentícios de várias cores
- 500 g de pasta americana
- ½ colher (chá) de extrato de baunilha
- açúcar de confeiteiro, para polvilhar

1 Coloque 20 forminhas de papel nas cavidades das fôrmas. Peça para um adulto preaquecer o forno a 180°C.

2 Em uma tigela, misture até homogeneizar a manteiga, o açúcar, a farinha com fermento, os ovos e a baunilha.

3 Divida a massa entre as forminhas de papel. Peça para um adulto pôr no forno e asse por 15 minutos, até dourar. Deixe esfriar na fôrma por 5 minutos e transfira para a grade para esfriar.

4 Corte uma "tampinha" para deixar os cupcakes planos. Aponte a faca para a superfície de trabalho, nunca na direção do seu corpo.

**DICA**
Tire uma foto dos cupcakes antes de dá-los de presente. São como obras de arte moderna, e você vai querer guardar essa recordação.

5 Divida a pasta americana em 15 porções. Acrescente corantes alimentícios variados em cada uma delas, criando uma paleta de cores. Amasse com as mãos para deixar cada cor uniforme. Lave as mãos entre uma cor e outra.

6 Polvilhe a superfície de trabalho com açúcar de confeiteiro. Abra a pasta americana até ficar com 5 mm de espessura. Use três tamanhos de cortadores de biscoito para fazer os círculos. Coloque um sobre o outro com cuidado, em cada cupcake.

# Gingerbread

Esses biscoitos de gengibre são um clássico do Natal norte-americano. Embrulhe em guardanapo decorado, use saquinhos coloridos ou faça sua própria caixa.

**DICA**
Se tiver tempo, faça seu próprio glacê (ver p. 57).

Uma caixa de suco recortada pode ser usada como caixa de presente. Pinte e decore para deixá-la parecida com uma casa de biscoito de gengibre.

## Material

1 Peça para um adulto preaquecer o forno a 180°C. Forre as assadeiras com papel-manteiga. Na tigela grande, misture bem a farinha, o gengibre e o bicarbonato.

2 Acrescente a manteiga à mistura com a ponta dos dedos. Faça isso até formar uma farofa. Adicione o açúcar.

3 Acrescente a glucose de milho e o ovo, misturando até formar uma massa. Transfira para uma superfície enfarinhada e sove até ficar macia.

4 Use o rolo para abrir a massa até ficar com 5 mm de espessura. Com os cortadores, molde os biscoitos. Junte a massa que sobrar, amasse-a e abra novamente para cortar mais biscoitos. Coloque nas assadeiras.

5 Use o mexedor para fazer pequenos furos nos biscoitos (depois, você passará fitas por eles). Peça para um adulto pôr no forno e asse por 10 minutos, até dourar. Deixe esfriar completamente e finalize com glacê e confeitos.

6 Após o glacê secar, passe fitas pelos furinhos dos biscoitos. São enfeites de Natal perfeitos – isso se não forem devorados antes!

# Biscoito para o chá

Quer dar um presente mais que especial?
Convide as pessoas queridas para o chá da tarde, prepare um banquete e enfeite a mesa bem bonita.
Esses biscoitos recheados serão um sucesso!

**DICA**
Faça suportes individuais para os biscoitos, com copos de papel e papelão.

## Material

- faca com lâmina redonda
- colher de pau
- tigela grande
- rolo para massa
- cortador de biscoito em forma de estrela
- peneira
- pincel culinário
- luvas para forno
- assadeira
- grade
- 50 g de manteiga cortada em cubinhos
- 1 colher (chá) de fermento químico
- 1 pitada de sal
- 250 g de farinha com fermento
- 50 g de açúcar
- 150 ml de leite
- ovo batido ou leite, para pincelar

## Para servir

- geleia
- chantili

1 Peça para um adulto preaquecer o forno a 220°C. Unte a assadeira com manteiga. Na tigela grande, misture a farinha, o fermento e o sal. Acrescente a manteiga.

2 Usando a ponta dos dedos, esfregue a manteiga e a mistura de farinha até ficar na consistência de uma farofa solta. Acrescente o açúcar e mexa bem com a colher de pau.

3 Acrescente o leite, misturando com a faca de lâmina redonda até formar uma massa uniforme, solta da tigela. Sove a massa em uma superfície enfarinhada.

4 Abra a massa até a espessura de 5 mm. Use o cortador de biscoitos para fazer as estrelas. Reúna o restante da massa, amasse, abra novamente e corte mais biscoitos.

5 Coloque os biscoitos na assadeira, espaçados. Pincele ovo ou leite sobre eles. Peça para um adulto pôr no forno e asse por 10-12 minutos, até dourar.

6 Deixe os biscoitos esfriarem. Depois, corte-os no meio e recheie com chantili e geleia.

**DICA**
Use papéis com estampas e cores diferentes para fazer as borboletas.

# Sacolas fofas

Após fazer um presente, você precisa embrulhá-lo. Essas sacolas, feitas de caixas de cereal, são perfeitas para isso – grandes e firmes. Seja criativo e teste vários desenhos. Aqui vai um para começar.

## Material

caixa de cereais

pincel

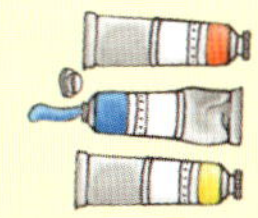
tinta acrílica

caneta

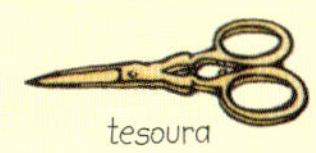
tesoura

papel branco

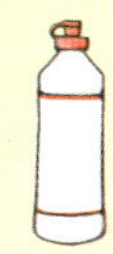
cola branca

papel estampado

cola em bastão

fitas

1 Pinte a parte externa da caixa de cereais com tinta acrílica azul-clara. Se quiser, pinte também o alto da parte interna.

Use 2 tamanhos diferentes de pratos para traçar as alças.

2 Quando a tinta estiver seca, use uma caneta para desenhar as alças no alto da caixa. Recorte as partes marcadas.

3 Recorte nuvens no papel branco. Cole-as na frente e atrás da caixa.

4 Desenhe borboletas no verso do papel estampado. Recorte-as e dobre um pouco as asas. Passe cola em bastão no verso da borboleta (mas não nas asas), para fixá-las na sacola.

Prenda com uma fita.

## Material

papéis artesanais (ver pp. 74-5)

lápis

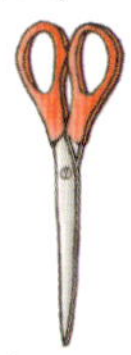
tesoura

cola em bastão

papéis coloridos

# Envelope especial

Da próxima vez que quiser enviar uma carta ou um cartão, faça um envelope com seu toque pessoal. Quem receber vai adorar ganhar algo tão diferente.

1 Dobre uma folha de papel artesanal ao meio. Abra e desenhe um coração, como mostrado acima.

2 Recorte o coração. Dobre os dois lados para o meio, deixando um pequeno espaço para que as partes dobradas não se encontrem.

3 Pressione com os dedos para manter os lados dobrados. Dobre a parte de cima do coração até a altura da dobra anterior. Use cola em bastão para fixar o papel.

4 Alise todas as bordas. Depois que colocar sua carta, dobre a parte pontuda, acomodando-a por dentro do envelope para fechar.

Cole duas folhas de papel no passo 1 para fazer um forro para seu envelope.

Aproveite e faça seu próprio papel de carta.
Recorte um coração de papel cor-de-rosa e escreva uma mensagem nele. Dobre ao meio e coloque dentro do envelope.
Use carimbos variados (à venda em boas papelarias) para fazer belos papéis artesanais.

# Que pacote!

Faça seu papel de presente artesanal com carimbos e tintas coloridas, disponíveis nas boas papelarias. Decore o pacote como desejar e impressione todos os que receberem seus presentes.

## Material

carimbos

almofadas de tinta

folhas de papel colorido A3

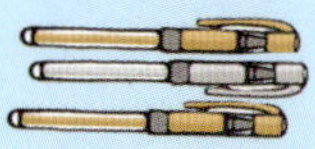
canetas de glitter

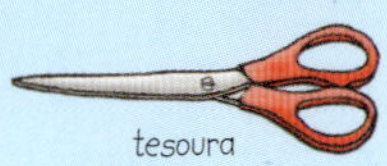
tesoura

fitas

**DICA**
Para um efeito de desbotado, tire o excesso de tinta com um pedaço de papel antes de usar o carimbo.

Embrulhe um presente para ver o efeito do seu papel artesanal.

1 Compre carimbos com desenhos à sua escolha. Teste-os em uma folha para saber a quantidade de tinta necessária.

2 Escolha o carimbo, o papel colorido e a tinta que deseja usar. Coloque o papel em uma superfície plana.

3 Comece a carimbar. Marque os desenhos por todo o papel. Cuidado para não sujar a mão de tinta enquanto carimba.

4 Use as canetas de glitter dourado e prateado para dar um brilho extra ao papel. Faça detalhes nas estampas ou desenhe novos enfeites nos espaços entre os carimbos.

Faça vários papéis de presente, prenda-os com fitas e guarde-os. Estarão prontos para o próximo aniversário ou ocasião especial.

# Etiquete!

Use os carimbos para fazer etiquetas lindas. Recorte o papel carimbado e cole em uma etiqueta de papel.

Deixe o passarinho levar sua mensagem!

Recorte e dobre 5 coraçõezinhos de papel. Cole-os juntos.

Carimbe uma flor. Faça o talo e as folhas com pedaços de papel ou desenhe-os à mão.

pp. 34-5

# RATINHO

Faça cópias dos moldes em 100% e recorte-os.

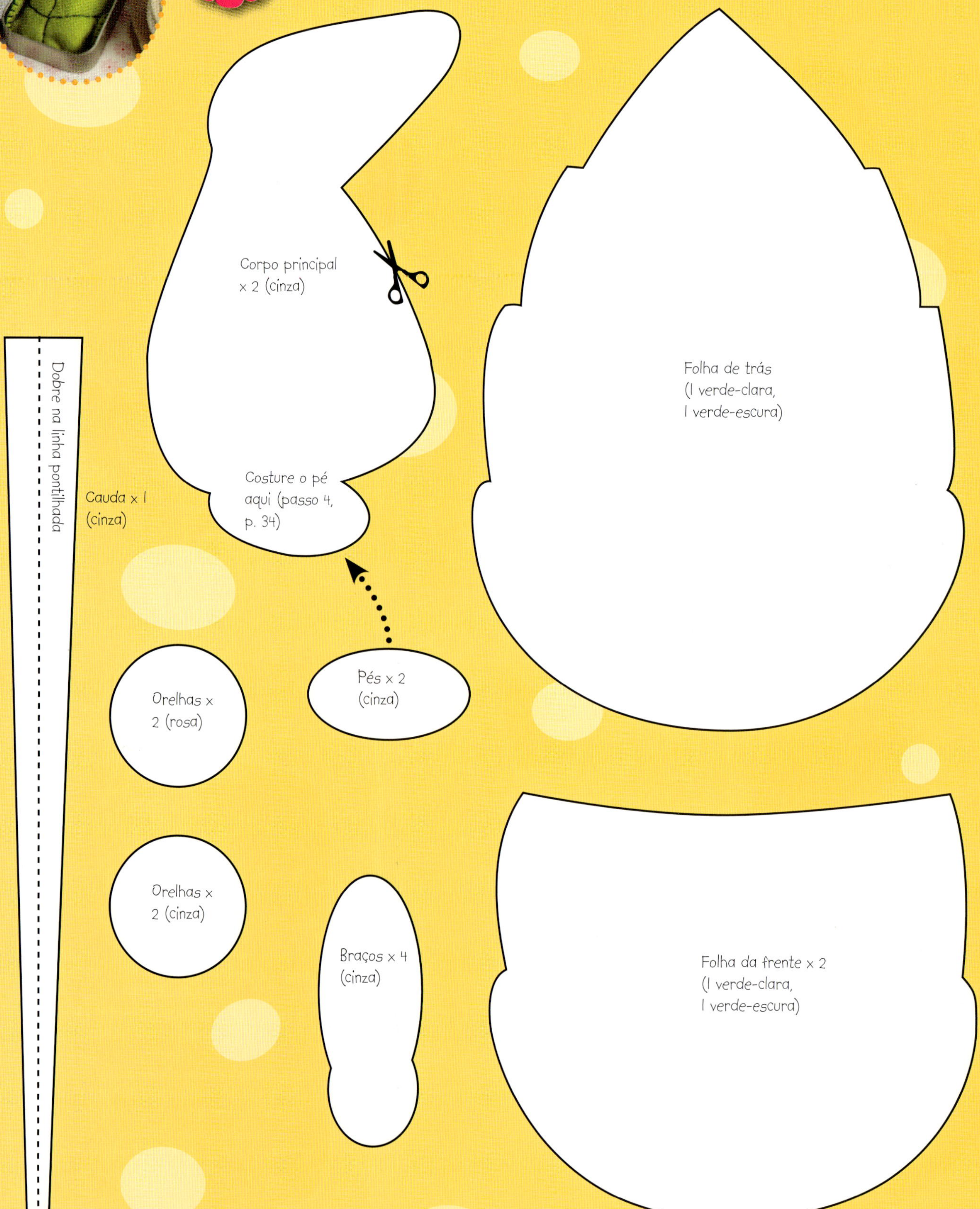

pp. 26-9

# BROCHES DE FELTRO

Tire cópia destes modelos no tamanho que preferir.

**Material**

Papel de molde • caneta • pedaços de feltro • alfinetes • tesoura para tecido • agulha • linha para bordar • miçangas • enchimento de poliéster • alfinetes de broches

## Cão

Laço x 2 (rosa)

Corpo x 2 (preto)

Você também vai precisar de miçanga x 1 (preta)

## Filhote fofo

Cabeça x 2 (branco)

Olhos x 2 (pretos)

Nariz x 1 (preto)

Rosto x 2 (marrom-claro)

Orelha frente x 2 (marrom-claro)

Orelha atrás x 2 (marrom-claro)

Orelha interna x 2 (rosa)

## Distintivo de xerife

Círculo x 1 (amarelo-claro)

Estrela pequena x 1 (laranja)

Estrela grande x 2 (laranja)

Você também vai precisar de miçangas x 11 (douradas)

## Gatinho

Este é um molde adicional, que você pode fazer usando a mesma técnica.

Cabeça x 2 (preto)

Linha da costura

Rosto x 1 (branco)

Orelha interna x 2 (rosa)

Você vai precisar de miçangas x 2 (pretas)

Nariz x 1 (rosa)

Corpo x 2 (preto)

Peito x 1 (branco)

Cauda x 2 (preto)

Bochecha x 2 (branco)

Patas x 4 (brancas)

## Monstro amigo

Corpo frente x 1 (azul)

Corte na linha para colocar os dentes

Você também vai precisar de miçangas x 3 (pretas)

Corpo atrás x 1 (azul)

Dentes x 1 (brancos)

Braços x 4, 2 x esquerdo, 2 x direito (azuis)

Olhos x 3 (brancos)

Círculos x 9 (verde)

Cabeça x 1 (verde)

Pés x 2 (verdes)

## Flores de feltro

Miolo x 2 (laranja)

Flor pequena x 2 (roxa)

Flor grande x 2 (roxa)

Miolo x 1 (vermelho)

Flor x 2 (azul)

# Índice



## Como começar e arrematar

Comece costurando com um nó na ponta da linha. Para arrematar, faça um ponto pequeno, mas não puxe. Passe a linha por dentro desse pontinho e puxe com firmeza. Faça isso mais uma vez no mesmo lugar e corte o fio.

## Ponto corrido

É um ponto versátil, usado em vários tipos de costuras.

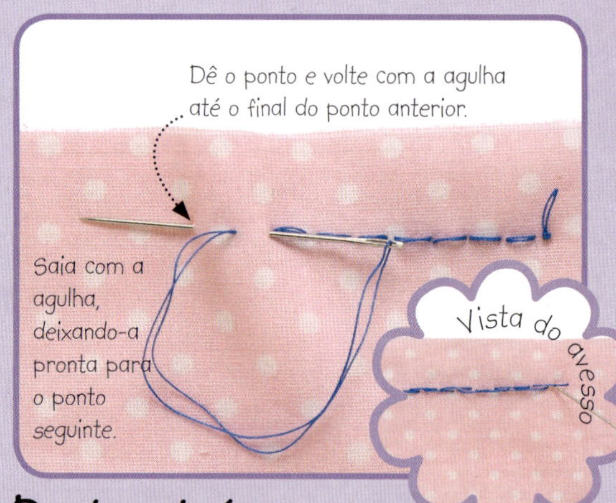


## Ponto-atrás

É um ponto muito forte. Forma uma linha contínua, então é perfeito para juntar dois pedaços de tecido, como as laterais de uma bolsa.

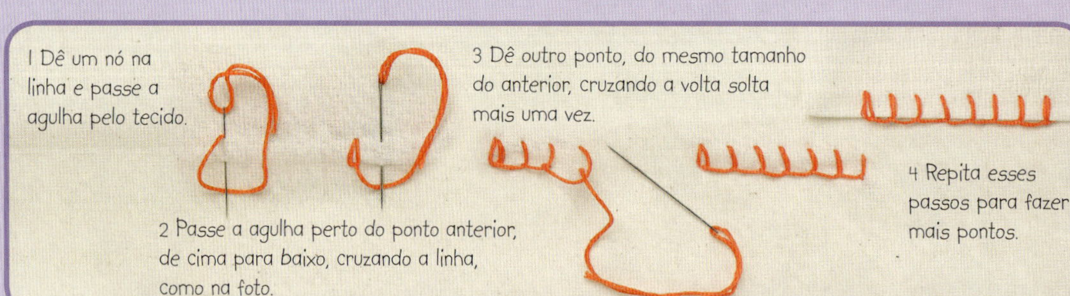


## Ponto caseado

Esse ponto é perfeito para barras decoradas e caprichadas, e também para unir duas partes de tecido.